바다는 왜 파랄까?

민음 바칼로레아 007

바다는
왜 파랄까?

피에르 라즐로 ㅣ 곽영직 감수 ㅣ 김성희 옮김

민음in

차례

질문 : 바다는 왜 파랄까?

　이야기를 나누다 보면 지혜를 얻을 때가 있다. 물론 지식도 생긴다. 말 속에는 참된 보물들이 숨어 있기 때문이다. 그런데 그 보물을 발견하는 일은 꼭 수수께끼를 푸는 것 같다. 프랑스어로 바다를 '그랑 블루'라고 하거나 지중해 연안을 '코트 다쥐르'라고 부르는 것도 그렇다.

　그런데 이 말이 가리키는 것처럼 바다는 정말 파란색일까? 혹시 우리 눈이 착각하는 것은 아닐까? 가령, 파란색 하늘이

●●●●
그랑 블루와 코트 다쥐르　글자 그대로 옮기면 '그랑 블루(Grande Bleue)'는 '커다란 파란색', '코트 다쥐르(Côte d'Azur)'는 '쪽빛 해안'이란 뜻이다.

7

물에 비쳐서 파랗게 보이는 것은 아닐까? 만약 바다가 정말 파란색이라면 바다가 원래부터 가지고 있는 색 때문일까? 아니면 바다에 떠다니는 작은 알갱이의 색깔 때문이거나, 바다를 파랗게 물들이는 물질이 녹아 있어서 그럴 수도 있지 않을까? 아니면 물이 혹시 파란빛이라도 내는 걸까?

이 책에서는 바다를 이루고 있는 아주 작은 크기의 물질, 즉 물 분자들이 햇빛과 어떻게 작용해서 바다의 파란색을 만들어 내는지 알아보려고 한다. 휴가철에 바다를 찾은 사람들의 몸을 물들이는 그 투명한 파란색, 화가들이 그림에 담고 싶어 하는 그 파란색의 비밀을 밝혀내려는 것이다.

이 책 표지를 바다처럼 파란색으로 하는 건 당연한 선택이다. 나는 심지어 바닷물처럼 파란 잉크로 책을 써 볼까 하는 생각도 했다. 하지만 이제 구닥다리 펜대를 쓰는 사람은 거의 아무도 없을 테니, 그런 잉크를 구할 수나 있는지 모르겠다. 이 책을 쓰는 동안 내 머릿속에는 내내 어떤 생각이 맴돌았다. 옛날 여자 친구, 마그들렌 고파르에 대한 기억이. 그녀가 썼던 그 멋지고 아름다운 글. 파란색 잉크를 보면 떠오르는 추억은 지금도 정말 소중하다.

1

바다는 어떻게 해서
파란색으로 보일까?

파란 하늘이 비쳐서 파란 걸까?

잔잔한 물의 표면은 마치 거울처럼 보인다. 그 표면을 들여다보면 물가 풍경이 좌우가 뒤바뀐 채 비치고 있다. 산속에 있는 호수도 마찬가지다. 주변의 산꼭대기가 거꾸로 뒤집힌 채 몇 겹으로 겹쳐 보이기도 하고, 호수 쪽으로 다가오는 구름이 보이기도 한다. 그렇다면 웅덩이든 연못이든, 강이든 바다든 간에 물의 색깔은 물에 비치는 하늘의 색깔에 의해 결정되는 것은 아닐까? 만약에 하늘이 빨간색이라면 물의 색깔도 빨갛지 않을까?

그렇다면 우선 하늘이 왜 파랄까 하는 문제부터 짚고 넘어가자. 이는 과학적으로 아주 중요한 의문 중 하나로서 예부터 다양한 방식으로 이에 대답하려고 애써 왔다.

뉴턴을 비롯한 근대 과학의 초창기 학자들은 빛의 반사와 굴절로 하늘빛을 설명하려고 했다. 햇빛이 대기권을 통과하면서 공기 중에 있는 얇은 막 같은 것에 부딪혀 반사되거나 굴절되는데 특히 남색과 보라색이 많이 반사되거나 굴절되어 파랗게 보인다는 것이다. 뉴턴 이후, 공기 중에서 햇빛을 반사하는 물질이 얇은 막이냐, 대기 상층부에 있는 기포냐 하는 논쟁이 한동안 벌어졌지만 이 문제에 대한 과학적 답변이 이루어진 것은 19세기 중엽이 되어서였다. 1859년 영국의 물리학자 존 틴들°이 실험을 통하여 하늘이 파랗게 보이는 이유를 증명했고, 1871년에는 존 윌리엄 스트럿°이 이를 이론적으로 완성했다.

하늘의 색깔은 광자라고 하는 아주 작은 빛 알갱이가 질소, 산소, 수증기, 탄산 가스 같은 공기 분자들과 부딪혀서 생긴다. 이렇게 공기 분자들에 의해 빛이 산란될 때 태양의 백색광 가

• • • •

존 틴들(John Tyndall, 1820~1893) 영국의 물리학자로 역사상 최초로 파란 하늘을 실험실에서 재현하는 데 성공했으며, 대기 중의 미립자에 의한 빛의 산란 현상을 증명했다. 이 때문에 대기 중의 미립자에 의해 빛이 산란되는 현상을 '틴들 효과(The Tyndall effect)' 라고 부르게 되었다.
존 윌리엄 스트럿(John William Strutt, 1843~1919) 빛의 산란 현상으로 하늘이 파란 이유를 이론적으로 입증했다. 빛의 산란의 세기는 빛의 파장의 4제곱에 반비례함을 수학적으로 증명했다.

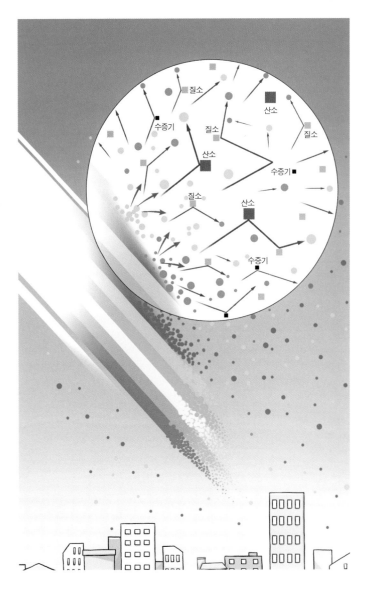

태양으로부터 오는 백색광 중 에너지가
가장 큰 파란색이 제일 많이 산란되어 하늘이 파랗게 보인다.

운데 에너지가 가장 큰 부분이 더 많이 **산란**된다. 특히 파란빛은 빨간빛보다 거의 10배나 더 많이 산란된다. 수도꼭지에 표시된 냉온수 색깔을 보고 우리가 흔히 떠올리는 것과는 달리, 파란색의 에너지가 빨간색보다 더 크기 때문이다. 이제 구름 없는 하늘이 파랗게 보이는 이유를 알았을 것이다. 백색광 안에 어떻게 파란빛이나 빨간 빛이 들어 있는지에 대해서는 나중에 알아보겠지만, 미리 조금만 이야기하자면, 파란색, 빨간색을 포함해서 일곱 가지 무지개 색 모두가 그 흰색 안에 들어 있다.

그러나 문제는 바다 위에 하늘이 없을 때에도 바다는 여전히 파랗다는 것이다. 바다 동굴 탐험가들은 하늘이 보이지 않는 동굴 속의 깊은 물도 파란색으로 보인다고 말한다. 수영이나 잠수를 하는 사람들 역시 하늘이 전혀 보이지도 비치지도 않는 깊은 물속에서도 주위가 파랗게 보인다고 말한다.

파란색 입자가 떠다녀서 파란 걸까?

그렇다면 바닷물 속에 파란색의 작은 **입자**가 들어 있어서 파랗게 보이는 것일까?

물이 담긴 통 바닥에 모래를 넣어 두었다고 치자. 그 물통을 흔들면 모래알들이 사방으로 움직인다. 순간 물통 안은 뿌옇게 되고, 모래가 제 무게 때문에 다시 가라앉기 전까지 우리는 뿌연 물 색깔만을 보게 된다. 바다 속에도 이처럼 파란색 입자가 들어 있는 것은 아닐까?

그러나 맑고 깨끗한 물에는 침전물이 생기지 않는다. 아무리 오래 기다려도 무언가 가라앉는 것을 볼 수 없다. 바다에서 떠온 물도 마찬가지이다. 고체 입자 같은 것은 언뜻 보기에도 전혀 들어 있지 않다. 따라서 바다를 파란색으로 보이게 하는 입자를 눈에 보이는 어떤 가루 같은 것으로 생각할 수는 없을 것 같다. 예를 들어, 혹시 텔레비전 같은 곳에서 사람들이 물을 약간 떠서 반짝거리는 어떤 가루를 찾아낼 때까지 흔드는 장면을 본 적이 있는가? 사금(沙金)을 골라내려고 하는 것인데, 바닷물을 파랗게 만드는 알갱이는 그런 사금하고는 다른 것 같다.

물론 바닷물에 아무것도 섞여 있지 않다는 것은 아니다. 누구나 알고 있듯이 바닷물에는 소금이 들어 있다. 하지만 인내심을 가지고 오랫동안 바닷물을 들여다본다고 해서 소금 입자가 저절로 생겨나서 바닥에 가라앉는 것은 아니다. 우선 물을 증발시켜야 하는데, 그러기 위해서는 바닷물에 에너지를 가해야 한다. 바닷물을 데우고 끓이지 않으면 염전에서 하듯이 햇볕에 말리고 바람을 쐬게 해야 하는 것이다. 소금만 남을 때까지 말이다.

그런데 다 알겠지만 소금에는 색깔이 없다. 이 말은 소금 색깔 때문에 바다가 파란 것은 아니라는 뜻이다. 그렇다면 소금이 아니라 우리가 모르는 또 다른 입자의 색깔 때문일까? 그 작고 파란 입자가 바다에 정말 들어 있다면 파랗거나 푸르스름한 가루를 분리해 낼 수 있어야 하지 않을까? 소금을 추출하는 방법으로는 끄집어 낼 수 없는 그것은 도대체 무엇일까?

파란색 색소가 들어 있어서 파란 걸까?

바닷물을 미세한 체 같은 것으로 걸러 봐도 파란색 찌꺼기 같은 것은 전혀 나오지 않는다. 실제로 또는 머릿속으로 실험을 해 보면 우물물이나 강물, 바닷물에 파란색 안료가 들어 있지 않다는 것을 알 수 있다. 잠깐, 머릿속으로 실험한다는 것이 이상하게 들릴지도 모르겠다. 하지만 아인슈타인은 자주 그런 방식을 사용했으며, 상상만으로도 실험은 할 수 있다.

안료는 색깔을 가진 고체 가루로 물 등에 잘 녹지 않는다. 화가가 그린 그림들에는 청산염의 파란색, 카드뮴의 노란색, 청동의 주홍색 등 다양한 색깔의 안료들이 사용되고 있다. 그림들에서 안료는 반죽처럼 표면에 붙어 있는 것처럼 보인다.

안료와 **염료**는 바로 이 점에서 차별화된다. 안료는 다른 물질과 섞인 다음에도 고체 가루 그대로 남아 있는 반면에 염료는 다른 물질에 완전히 섞여서 눈에 띄지 않게 된다. 따라서 안료가 들어 있는 물질은 안료와 그 물질을 한눈에 구별할 수 있으며 쉽게 안료 입자를 걸러 낼 수가 있다.

간혹 안료가 들어 있는 바다나 강이 있다고 하는 사람도 있을지 모르겠다. 흑해나 홍해, 황하는 유기물(해초)이나 무기물(점토)이 떠다니면서 그 색깔을 내게 하기 때문에 붙은 이름 아니냐고 말이다. 맞는 이야기다. 하지만 그런 바다들은 좀 특별한 경우라고 할 수 있다.

그렇다면 안료가 들어 있지 않은 보통 바다가 파란색인 건 파란색 염료가 색을 내고 있기 때문일까?

● ● ●

상상 실험 머릿속에서 생각만으로 하는 실험으로 사고(思考) 실험이라고도 한다. 파스칼은 철학자로 널리 알려져 있지만 진공이나 대기 등을 연구한 물리학자로도 유명하다. 그런데 그의 실험은 대부분 상상 실험이었으며, 실제로 실험했던 것은 겨우 두 개뿐이었다. 천재 과학자 아인슈타인도 상상 실험을 유감없이 사용해서 그 유명한 상대성 이론을 만들어 냈다. 실제 실험 못지않게 상상 실험도 과학에서 중요한 역할을 한다.

자, 이제 염료 이야기로 들어가 보자. 염료는 액체에 녹아서 그 액체에 색을 더해 주는 화학 성분을 말한다. 예를 들어, 샴푸나 주방용 세제의 성분 분석표를 보면 염료를 포함하고 있는 것을 흔히 볼 수 있다.

염료들 중에서 파란색 염료에 대해서 얘기해 보자. 포도주나 커피 한 잔에 메틸렌 블루*를 아주 조금만 넣어서 누군가를 골려 줄 수 있다. 그것을 마시면 파란색 소변이 나오게 되니까 말이다! 물론 포도주나 커피에도 본래 염료가 들어 있기 때문에 메틸렌 블루가 들어갔다는 것은 눈으로 봐서는 전혀 알아차릴 수 없다. 하지만 나중에 소변에는 반드시 메틸렌 블루가 나타나게 되어 있다. 붉은색 사탕무 주스 역시 같은 효과가 있다.

그러나 바닷물에서는 어떤 염료도 발견할 수 없다. 바닷물에 염료가 들어 있는지 확인하는 실험은 의외로 간단한데, 흰 종이로 만든 테이프나 하얀색 솜방망이를 바닷물에 담갔다가 꺼낸 후 그 색깔이 종이나 솜방망이를 물들이는지를 관찰하면 된다. 색깔이 없는 액체를 이용해서 염료를 뽑아내거나 녹여서

• • • •

메틸렌 블루 1876년 H. 카로가 합성한 염기성 염료 중 하나. 진한 녹청색의 냄새가 없는 결정으로 세포의 핵 염색용, 혈구 염색용, 진통제 등으로 쓰인다.

액체의 색깔이 바뀌는지를 살펴보는 방법도 있다. 청바지를 빨면 파란 물이 빠지는 경우같이 말이다. 하지만 바닷물의 경우, 솜방망이에 파란색이 묻어나지도 않고 비눗물이 파랗게 물들지도 않는다.

이러한 사실은 염료 때문에 바닷물이 파란 것은 아님을 잘 증명해 준다. 그렇다면 바다에 가서 눈으로 직접 확인해 볼까? 하지만 우리는 같은 사실을 다시 한 번 확인할 수 있을 뿐이다. 바다는 파란색이라는 것!

바닥이 파란색이라서 파랗게 보이는 걸까?

바다가 파랗게 보이는 까닭이 혹시 그 바닥이 파란색을 띠고 있어서는 아닐까?

수영장에 가면 흔히 그런 경험을 할 수 있다. 수영장은 보통 그다지 깊지 않아서 물속으로 바닥이 바로 보이는데, 파란색으로 칠해져 있거나 파란색 타일이 깔려 있는 경우에는 그 바닥 색깔 때문에 수영장 물이 항상 파랗게 보이게 된다.

착륙하기 위해 비행기가 지상으로 점점 내려올 때 별장들이 옹기종기 모여 있는 교외를 내려다보면 좀 더 뚜렷하게 그것을 느낄 수 있다. 공중에서 보면, 집집마다 딸려 있는 수영장들이 꼭 초록 바탕 위에 놓인 작고 파란 알약처럼 보인다.

이러한 색깔은 화가 데이비드 호크니*의 작품에서도 쉽게 발견할 수 있다. 그는 캘리포니아 남부 지역의 수영장을 즐겨 그렸는데, 수영장에서 잠수하는 사람을 실물과 똑같이 보이게 그리는 데 능숙했다. 햇볕의 따사로움까지 그대로 느껴지는 그의 그림을 보고 있자면 그림 속의 물로 뛰어들고 싶을 정도이다.

그러나 이 생각 역시 정답에서 제외할 수밖에 없다. 바다의 바닥은 너무나 깊어서 수십 킬로미터 아래에 있는 그 색깔을 볼 수 없기 때문이다. 게다가 바다의 바닥은 실제로 파랗지도 않다.

바다 밑바닥은 대부분 회색빛 진흙으로 뒤덮여 있다. 갈색이나 검은색을 띠는 산화 금속인 망간이 많은 지역은 우중충한 색으로 얼룩져 있으며, 간혹 붉은 진흙이 보이기도 한다. 그리고 바다의 뼈대를 이루면서 아주 뜨거운 광천수를 뿜어내는 해저 산맥의 능선 지대에는 천연 유황 침전물이나 금속 황화물이

● ● ● ●

데이비드 호크니(David Hockney, 1937~) 1960년대 비틀스가 인기를 누렸던 대중문화 전성기 때의 화가로 영국 팝아트의 기수이다.

많다. 유황 침전물은 짙은 노란색을 띠고 있고, 금속 황화물은 어두운 색깔의 물감만 짜 놓은 팔레트로 생각하면 된다.

여기서 우리가 확실하게 알 수 있는 것은 바닥이 파란색이기 때문에 바다가 파란 것은 아니라는 사실이다. 바다가 왜 파란지에 대한 답은 여전히 나오지 않았다.

물이 파란 빛을 내서 파랗게 보이는 걸까?

얕은 물은 투명하게 보인다. 하지만 깊이가 몇 미터만 돼도 물은 파란빛을 띤다. 그렇다면 바다가 파란 것은 바닷물이 그런 색깔의 빛을 내고 있기 때문은 아닐까?

비행기 이착륙을 위해 설치한 공항 활주로의 작은 유도등을 생각해 보자.(한밤중에 그 은은한 빛을 볼 때면 감상적인 기분에 빠져들지 않을 수 없다.) 그윽한 느낌으로 치자면 바닷물도 그 유도등에 버금갈 만한 빛깔을 가지고 있다.

투명한 잔에 바닷물을 담아 놓으면 그처럼 푸르스름하고 부드러운 빛을 내지 않을까? 작가들이 이 불빛 아래서 글을 쓸 수 있으면 참 좋을 텐데 말이다.(여류 작가 콜레트가 파리의 팔레르와얄 근처에 있는 아파트에서 밤새워 글을 쓸 때, 매번 의리

만약 바닷물이 파란빛을 내고 있어서 바다가 파랗다면
바닷물을 담아 전등으로도 쓸 수 있을 텐데…….

있는 친구처럼 곁을 지켜 주었다는 '푸른빛' 전등이 생각나서 하는 이야기다.)

그런데 빛을 낸다는 것은 에너지를 공급해 주는 무언가가 있다는 것을 전제로 한다. 모든 물질은 빛을 내려면 에너지를 공급받아야 한다. 전기 플러그가 전원에 연결되어 있어야 전구에 불이 들어오는 원리이다. 그렇다면 지금 우리가 바다에서 찾을 수 있을지도 모른다고 기대하는 그 파란 불빛이 정말로 존재한다면, 그 물질은 어디에서 에너지를 얻는다고 해야 할까? 파도에서? 지열에서? 바다 밑에 있는 화산에서? 그 어떤 답도 신통치 않다.

그보다는 바닷물에서는 빛이 나오지 않는다는 사실을 증명하는 쪽이 오히려 더 쉽다. 영화에서 보듯이 잠수함에서 나오는 불빛을 제외하면 바다 속은 깜깜한 어둠뿐이니까 말이다. 바다에서 볼 수 있는 빛은 햇빛이 전부인데, 햇빛은 수십 미터 바다 속까지는 들어가지 못하기 때문이다. 바다 색깔이라는 것은 수면 가까이에서나 알아볼 수 있는 것이다.

바다 색깔에 대해 이야기하고 있자니, 뉴포트 재즈 페스티벌을 담은 다큐멘터리 영화가 떠오른다. 그 영화를 본 사람이라면 내 말을 더 잘 이해할 수 있을 텐데. 영화 속 한 장면으로 재즈 피아니스트 셀로니어스 몽크(Thelonious Monk)가 작곡한 「블루

몽크(Blue Monk)」를 연주하는 게 나온다. 그때 햇빛을 받아 푸르게 반짝거리는 뉴포트의 바다 위로 아메리카 컵˚에 참가한 요트들의 흰 돛이 떠다니는 풍경이 펼쳐진다. 음악과 화면이 이루어 내는 조화, 맑고 평화로운 느낌, 드넓은 바다를 향해 확 트인 시야, 시각과 청각 사이의 일치감까지, 그 모든 것이 얼마나 멋지고 아름다웠던지, 지금도 그 생각만 하면 감정이 벅차오른다.

● ● ●

아메리카 컵(America's Cup) '요트 월드컵'이라고 불리는 국제 요트 대회. 미국 동부에 위치하고 있는 항구 도시 뉴포트는 이 대회의 주최지이다.

2

색깔의
물리학

여러 가지 빛을 모두 합치면 무슨 색이 될까?

간단히 말해서 답은 흰색이다. 터무니없어 보이는 이 대답이 어떻게 말이 되는지 알아보자. 무지개를 떠올리면 그 사실을 쉽게 이해할 수 있다. 대기 현상이 만들어 내는 장엄하고 멋진 무지개는 백색광이 구름 속의 작은 물방울들을 지날 때 그 빛을 이루고 있던 각각의 색들로 분산되면서 생겨난다. 프리즘이나 격자 무늬가 새겨진 광학 기구°를 통해서도 백색광 안에 숨어 있는 색깔들을 모두 드러나게 할 수 있다.

● ● ●

격자 무늬가 새겨진 광학 기구 유리판이나 필름 위에 여러 개의 가는 평행선이 일정한 간격으로 새겨져 있다.

무지개는 보라색에서부터 빨간색까지 여러 가지 색으로 이루어져 있다. 이를 가리켜 **가시광선 스펙트럼**이라고 한다. 가시광선은 **파동**으로 이루어져 있는데, 여기서 파동이란 바다의 파도, 또는 바람이 불거나 돌을 던졌을 때 흔들리는 연못의 표면을 본뜬 것이다. 넘실거리는 파도의 물결 모양은 대략 몇 미터씩 거리를 두고 이어지며, 연못의 잔물결 역시 몇십 센티미터 간격으로 일정하게 나타난다. 얼굴의 잔주름은 겨우 몇 밀리미터 간격으로 나타나고 말이다. 공간 이야기를 했으니 이제 시간 이야기로 넘어가 보자.

어떤 현상이 일정한 시간 간격을 두고 반복해서 발생하는 것을 '주기적'이라고 한다. 그리고 1초 동안 진동하는 횟수를 **진동수**라고 한다. 또 1회 진동하는 데 걸리는 시간을 **주기**라고 하며, 주기는 초 단위로 측정된다.

가시광선 스펙트럼에서 각각의 색깔이 차지하는 자리는 센티미터가 아니라 나노미터˙ 단위로 눈금이 매겨진 자가 있어야 측정이 가능하다. 그렇게 해서 밝혀낸 자리를 그 색깔의 **파**

• • • •

나노미터 1나노미터(nm)는 10억분의 1미터에 해당한다. 미터가 사람의 키에 알맞은 측정 단위라면, 나노미터는 분자의 크기를 재기 위한 단위라고 할 수 있다.

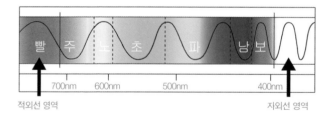

빨 주 노 초 파 남 보

700nm 600nm 500nm 400nm

적외선 영역 자외선 영역

가시광선 스펙트럼
무지개 색깔은 가시광선의 파장과 관계가 있다.

장이라고 하는데, 1주기 동안 파동이 진행한 거리를 말한다. 보라색 파장(400나노미터)은 빨간색 파장(800나노미터)의 거의 절반밖에 되지 않을 정도로 짧다.

가시광선 스펙트럼은 또한 연속성을 띤다. 다시 말해서, 보라색과 빨간색 사이에는 파장들이 연속해서 이어져 있는데, 그 파장 하나하나에 모두 이름을 붙일 수 있다는 뜻이다. 물론 아주 두꺼운 사전에 있는 단어를 총동원한다 해도 모든 파장에 서로 다른 색 이름을 붙이기에는 터무니없이 모자랄 것이다. 파장은 수가 너무 많아서 거의 무한대에 가깝다.

일상에서 우리는 그중에서 몇 색깔만 골라서 이름을 붙여두고 있다. 빨강, 주황, 노랑, 초록, 파랑, 남색, 보라……

과학은 대중화할 수 있는가?

색깔 문제는 이 책의 목표이기도 한 **과학의 대중화**가 실제로 가능하기 위해서는 어떤 조건들이 필요한지 생각해 보는 기회가 된다. 쉬운 말로 설명하면 되지 않겠느냐는 우리의 바람과는 달리, 일상생활에서 사용하는 말은 과학 문제를 제대로 다루기에는 역부족인 것으로 드러났으니 말이다.

무지개에서 우리가 '빨간색'이라고 부르는 부분은 한 가지 색이 아니라 사실 여러 색깔이 연속적으로 이어져 있는 것이다. 따라서 스펙트럼에서 빨갛게 나타나는 부분의 파장 하나하나에 그 빛깔에 맞는 이름을 일일이 붙이려면 수없이 많은 단어가 필요할 것이다.

그런데 일상 언어에는 빨간색의 그 미묘한 차이를 나타낼 수 있는 단어가 기껏해야 수십 개밖에 되지 않는다. 수백만 개, 수십억 개가 있어도 모자랄 판인데 말이다. 물론 정확한 단어를 찾기 힘들 경우 우리는 유추를 통해, 다시 말해 우리 주위에서 볼 수 있는 사물들과 비교를 통해 그 색깔을 가리키기도 한다.

여기서 말하는 주위의 사물에는 원소(벌겋게 달구어진 쇠, 구리, 루비듐˚), 화합물(주사,˚ 연단,˚ 일산화납,˚ 계관석˚) 같은 화학 물질과 루비나 벽돌 같은 광물이 포함될 수 있다. 그리고 풀(꼭두서니*), 꽃(개양귀비, 작약), 과일(토마토, 체리, 까치밥나무* 열매) 등의 식물 역시 포함된다. 동물계에서 그 이름을 따온 것들도 있다. 적혈색, 연지색, 살색, 붉은 가재 색, 자줏빛 등처럼 말이다.

사람의 손길을 거친 것들도 있는데, 재강빛, 보르도, 마젠타* 등이 그 예이다. 넓은 의미에서 문화가 만들어 낸 색깔들이다. 19세기 후반부터는 인공 색소를 만드는 화학 기술이 발달하여 콩고 레드*나 로즈 벵갈*처럼 지구상에 존재하지 않았던 빨간 색도 등장하게 되었다.

일상 생활에서 빨간색을 말하는 이 모든 용어는 그러나 과

● ● ● ●

루비듐 홍운모 속에서 발견된 알칼리 금속 원소의 하나. '붉다'는 뜻의 라틴어 'rubidus'를 따서 이름 붙여졌다

주사 새빨간 빛이 나는 수은과 황의 화합물.

연단 납이나 산화연을 가열하여 얻는 붉은빛의 화합물.

일산화납 담황색을 띠는 납 산화물.

계관석 불그스름한 오렌지색을 띠는 비소와 황의 화합물.

꼭두서니 뿌리로 염료를 만들면 붉은색이 나오는 식물.

까치밥나무 짙은 분홍색의 열매를 맺는 관목.

재강빛, 보르도, 마젠타 모두 포도주 지게미의 색깔로 각각 연보랏빛, 보르도 산 적포도주 색, 자홍색을 말한다.

학에서 사용하기에는 부적합하다. 그 수가 너무 빈약할 뿐만
아니라, 어떤 규칙도 통일성도 없기 때문이다.

상황이 이러하다 보니, 과학 특유의 어려운 기술적 용어에
서 벗어나서 우리가 일상에서 사용하는 쉬운 말로 과학을 소개
해 보자는 것은 어쩌면 유토피아적인 환상에 지나지 않는다고
할 수도 있다. 빨간색의 예는 우리에게 아무리 간단한 과학적
사실이라도 누구나 이해할 수 있는 말로 바꾸는 것이 쉽지 않
음을 알려 준다.

실제로, 18세기 철학자 콩디약 에 따르면 과학은 전문 용어
가 아니라 논리적이고 조리 있는 용어로만 그 체계를 세울 수
있다. 이 말이 뜻하는 것은 무엇일까?

미묘한 차이가 있는 다양한 빨간색들을 다시 예로 들어 보
자. 일상생활에서 그와 같은 빨간색들을 구분해야 할 경우, 우
리는 색깔을 코드로 바꾸어 놓은 색상표를 이용한다. 그 색깔

● ● ● ●

콩고 레드 암적색을 띠는 화학 염료.
로즈 벵갈 각막이나 결막의 질병 부위를 빨갛게 염색하는 데 쓰이는 생체 염색약.
콩디약(Etienne Bonnet de Condillac, 1715~1780) 인간은 의식적인 존재로서 태
어난다는 데카르트 사상에 반대하여 감각에 지위를 부여한 대표적인 감각론의 철
학자이다.

들의 이름을 일일이 부를 필요 없이 말이다. 립스틱이나 매니큐어 혹은 팬톤 잉크[•]를 살 때 바로 그런 경험을 할 수 있다. 색상표는 사전에서 찾아볼 수 있는 일상 언어와, 따로 익혀야만 알 수 있는 과학자들의 전문 언어 사이에 위치한다. 색상표의 용어는 표준화 단체에서 정하는데, 대개 디자이너 등 전문가들만 그것을 참고하고 있다.

지식을 과학자들만의 전유물에서 대중적인 것으로 공유하는 문제로 다시 돌아와 보자. 과학의 대중화를 위해서는 일상에서 쓰이는 말로 과학의 전문 용어를 옮겨 주는 과정이 반드시 필요하다. 하지만 방금 보았듯이 일상 용어와 전문 용어를 서로 일치시키는 것은 불가능하다. 그렇다면 해당 학문의 전문가들이나 사용하는 난해한 용어를 쓰지 않으면서 과학이라는 문제를 말하려면 도대체 어떻게 해야 좋을까?

비관론자는 이렇게 말할 것이다. "애써봐야 소용없을걸. 실패하게 되어 있는 일이니까." 그는 자신의 말을 증명하기 위해 "말할 수 없는 것에 대해서는 침묵하라."라고 했던 철학자 비

● ● ●

팬톤 잉크 미국의 팬톤(Pantone) 사에서 제조하는 잉크는 색깔마다 고유 번호를 가지고 있다.

트겐슈타인[●]의 말을 인용할지도 모른다. 반면에 나를 포함한 낙관론자는 이렇게 말할 것이다. "그래도 해 보는 거야."

낙관론자들은, 앞에서 우리가 살펴본 대로 말이 유추라는 과정을 통해 만들어진다는 사실을 본보기로 삼을 것이다. 과학에 대해 전혀 모르는 사람에게 이러저러한 과학의 개념을 느낄 수 있게 해 줄 만한 것이 없을까 하고 찾아보는 것이다. 일방적으로 설명하는 것이 아니라 암시를 주는 것이다. 가르치겠다는 생각은 일찌감치 던져 버리고서.

과학을 대중화하고자 하는 사람은, 법전처럼 도저히 이해할 수 없는 용어로 표현되어 있는 과학자들만의 과학을 비밀의 문을 활짝 연 과학으로 바꿀 수 있어야 한다. 그러기 위해서는 과학을 이야기 형식으로 참을성 있게 재구성하는 것이 필요하다. 독자의 흥미를 붙잡아 놓을 만한 온갖 방법을 다 동원해서 내용을 풀어 가는 이야기책처럼 말이다.

빨간색과 관련해서 앞에서 말한 것들도 사실 매우 단순화한 것이다. 더 정확하게 말하려고 들면 훨씬 더 복잡해질 수 있다.

● ● ● ●

비트겐슈타인(Ludwig Wittgenstein, 1889~1951) 일상 언어 분석에서 철학적 의의를 발견한 영국의 분석 철학자.

하지만 그런 부분은 일단 그냥 넘어갔다. 과학에 대해 몇 가지만 더 얘기하면 다음과 같다.

　　—과학은 자기 영역에 해당되는 질문에만 답을 한다. 예를 들어, '색깔이란 무엇일까?'라는 질문이나 '시간은 어떻게 만들어졌을까?'와 같은 것은 과학이 답할 수 있는 질문이 아니다. 흥미진진하기는 하지만 엉뚱한 이 질문들에 대한 답은 과학의 방법으로는 접근해 갈 수 없기 때문이다.

　　—'체리 레드'라는 색깔 이름이 있다고 치자. 이때 체리(버찌)가 맛이 신 버찌를 말하는지, 단 버찌를 말하는지, 어떤 계절의 버찌를 말하는지, 하루 중 어느 때의 버찌를 말하는지 따질 수 있다. 하지만 어쨌든 '체리 레드'라는 말은 제 기능을 한다. 머릿속에 그 빨간색 느낌을 그려 보게 해 주니까 말이다.

　　—프랑스어에서 '푸르프르(pourpre)'라는 단어는 빨간색 계열을 뜻한다. 하지만 같은 어원에서 나온 영어의 '퍼플(purple)'은 보라색을 뜻한다.

　　—색깔은 그것을 둘러싼 배경과 분리할 수 없다. 흰색 바탕에 놓고 보는지, 아니면 검은색 바탕에 놓고 보는지에 따라 똑같은 색이라도 다른 느낌의 색깔로 인식된다. 이는 독일의 유명한 작가이자 과학자인 괴테°가 발견한 법칙으로, 나중에 프

랑스의 화학자 슈브뢸*이 그 원리를 규명했다. **색의 동시 대비 현상**이라는 법칙이다. 이 법칙은 인상주의 회화의 기초가 되었으며, 조르주 쇠라나 폴 시냐크로 대표되는 점묘파의 그림과도 관계가 있고, 후에 로베르 들로네*와 소냐 들로네 부부가 그 법칙을 작품에 활용하기도 했다.

—— '기뻐서 얼굴이 빨개지다.' 라는 말도 있고, '부끄러워 얼굴이 빨개지다.' 라는 말도 있다. 그렇다면 이 두 표현의 빨간색은 같은 색일까? 또 어떤 빨간색을 말하는 걸까? 적포도주 색이나 빨간 벽돌 색, 빨간 장미꽃 색처럼 우리가 일상적으로 사용하는 단어 중에 그 빨간색에 들어맞는 것이 있을까?

● ● ● ●

괴테(Johann Wolfgang von Goethe, 1749~1832) 문학뿐 아니라 식물학, 해부학, 광물학, 지질학, 색채론 등에 전 방위로 관심을 보였던 괴테는 1790년에서 1810년에 걸친 연구와 실험의 결과로 『색채론』을 저술했다.
슈브뢸(Michel Chevreul, 1786~1889) 1824년 유명한 고블랭 염직 공장의 염색 주임이 되어 염료와 색채 대조법을 연구하여 공업뿐만 아니라 신인상파에도 영향을 주었다.
로베르 들로네(Robert Delaunay, 1885~1941) 처음에 신인상파의 그림에 관심을 가지고 색채 연구에 열중하면서 입체파 운동에 참가하였으나 1912년경부터 순수한 프리즘 색에 의한 율동적인 추상 구성을 발전시켜 오르피즘의 창시자가 되었다. 그의 부인 소냐도 오르피즘의 대표적인 화가이다.

여기에 빨간색의 정치적인 의미도 덧붙일 수 있다. 색깔과 관련한 이러한 내용들은 빨간색만이 아니라, 다른 모든 색에 대해서도 마찬가지로 얘기할 수 있다. 노란색에도 카나리아의 노란색, 짚의 노란색 등이 있고, 파란색에도 울트라 마린, 인디고 블루, 프러시안 블루, 스카이 블루 등이 있는 것처럼 말이다.

더 이상 복잡한 내용들은 일단 접어 두고, 여기서는 다음과 같은 사실만을 기억해 두도록 하자. 서로 다른 매우 많은 수의 빨간색이 존재하며, 따라서 단 하나의 빨간색이라는 개념은 어디까지나 심리적 착각일 뿐이라는 것. 많은 사람들이 일반적으로 믿는 생각이라고 해서 그것을 옳다고 할 수는 없다. 상식에 속지 말자!

이제 다시 바다의 색깔 문제로 돌아와 보자.

바다가 파랗게 보이는 것은 눈의 착각이 아닐까?

멀리서 바다를 보면 물은 매우 파랗게 보인다. 하지만 바닷물을 조금만 손으로 떠서 들여다보면 아무 색깔도 없다. 컵에 담겨 있을 때도 바닷물은 색깔이 없다. 혹시나 해서 걸러 봐도 그저 맑기만 하다.

색유리는 빛의 일부만을 통과시킨다. 통과되지 못한 나머지는 색유리에 **흡수**된 것이다. 일반적으로 어떤 물질이든 받아들인 모든 빛을 통과시키지는 못하고 일부분은 흡수하게 되어 있다.

얕은 물은 색깔이 없는 것처럼 보인다. 하지만 깊은 물에서 볼 수 있는 파란색이 전혀 나타나지 않는 것은 아니다. 1~2미터 길이의 파이프로 실험해 보면 알 수 있다. 파이프에 물을 채우고 양쪽 끝을 유리판으로 막은 다음, 한쪽 유리판에 백색광을 비추면, 파이프를 지나서 다른 쪽 유리판으로 나오는 빛의 색이 푸르스름해진 것을 볼 수 있다. 이는 파이프에 들어 있는 물이 그 안으로 들어온 빛의 일부, 즉 무지개에서 빨간색 부분을 흡수했음을 의미한다. 다시 말해 백색광이 파이프를 통과하는 동안, 파이프 안의 물이 빛의 빨간색 부분은 제거하고 파란색은 그대로 둔 것이다.

앞에서 살펴보았듯이, 무지개는 약 400~800나노미터 파장에 해당하는 범위의 색으로 만들어져 있다. 정확히 말하자면, 파이프 안의 물에 흡수되어 사라진 부분은 약 760나노미터의 파장에 해당된다. 색이 없다는 것이 빛이 아무 방해도 받지 않고 모두 통과한 상태를 뜻한다면 물은 결코 투명하지 않다. 물이 빛의 한 부분을 약화시키는 것은 어느 정도 깊은 물에서라면 쉽게 관찰할 수 있기 때문이다.

언뜻 색깔이 없어 보이지만 물이 실제로는 색깔이 있다는 사실을 쉽게 이해할 수 있도록 비슷한 예를 더 들어 보겠다.

책상에 플라스틱 자가 세 개 있는데, 세 개 모두 맑고 색깔이 없다. 하지만 똑바로 놓지 않고 비스듬히 놓고 보면, 두 개는 회색으로 보이고 나머지 하나는 파랗게 보이는 경우가 있다. 마찬가지로, 투명한 플라스틱 판이나 비닐을 쌓아 둔 경우에도 가끔씩 색을 띨 때가 있다. 한 장 한 장 따로 보면 분명히 색깔이 없는데 말이다. 물도 마찬가지 경우이다. 물 분자들은 태양에서부터 오는 백색광의 빨간색 부분을 흡수하는 성질이 있다. 따라서 물은 색깔이 없다기보다는 파란색이라고 하는 것이 정확하다.

물이 정말 파란색이라는 사실을 납득할 수 있는 또 다른 방법으로 잠수를 해 볼 수도 있다. 물안경을 쓰든 쓰지 않든, 물속으로 몇 미터만 내려가면 위를 봐도 아래를 봐도 옆을 봐도 물이 파랗게 보인다. 물속에서 헤엄을 쳐 보면 물이 파랗다는 것을 확인할 수 있다. 오리발에 물안경과 스노클을 착용하고 들어간 열대 바다 속에서 다채로운 생명체들이 펼치던 그 멋진 장관을 보라. 그런데 대부분 현대 사람들에게는 놀라울 것도 없는 바다 속 풍경이 지구상의 어떤 지역에서는 아직도 비현실

물은 백색광의 빨간색 부분을 흡수하기 때문에
색깔이 없다기보다는 파란색이라고 하는 것이 정확하다.

적인 것으로 받아들여지고 있다. 그럴 리가 있느냐고 의구심을 품을 독자가 있을지도 모르기에 잊을 수 없는 추억 한 가지를 얘기하겠다.

낙타를 타고 사하라 사막의 호가르 산악 지대를 여행할 때 일이다. 우리를 안내하던 투아레그족 가이드 한 명과 이런저런 이야기를 나누고 있었다. 그런데 꽤 믿음직한 사람으로 보이던 그 가이드가 내게 대담하게 던진 질문에 웃음을 터뜨릴 수밖에 없었다.

언젠가 텔레비전에서 수영 경기를 본 적이 있단다. 그런데 수영 선수들이 물속에 머리를 집어넣고 있는데, 물이 눈을 통해 머리 속으로 들어가지 않게 하려면 어떻게 하느냐는 것이다. 어린 시절 수영을 배우기 전까지 내가 가지고 있던 강박 관념 중의 하나도 그것이었다. 어른인 그가 그런 생각을 하고 있다는 걸 놀라워하면서 나는 그 질문에 대해 설명을 해 주었다. 먼저 투아레그족은 물을 아주 무서워한다는 것을 얘기해 둘 필요가 있겠다. 겔타*라고 하는 물구덩이에 아이가 빠지면, 그들은 곧바로 그 아이가 죽은 것으로 취급한다. 누구 하나 아이를

* * * *

겔타(guelta) 바위샘이라고 불리는 오아시스.

건져내서 살리려고 하지 않는다. 인공 호흡을 하거나, 심폐 소생술을 하는 일도 없다. 그들에게 물은 생명을 위한 귀한 존재이기도 했지만, 친숙하지 않기 때문에 위협적인 존재이기도 했던 것이다.

이 이야기는 얼핏 보기에 책의 주제를 벗어난 것 같지만, 사실 많은 가르침이 들어 있다. 투아레그족에게서 우리가 배워야 할 점이 많다. 그들은 사막이라는 열악한 환경 속에서 살아가는 데에는 진짜 전문가이다. 수세기에 걸쳐 열악한 환경을 이겨내면서 점점 더 현명하게 단련되어 온 사람들이다.

수영 선수 이야기는 투아레그족이 머릿속으로 생각해 보는 경험에 익숙해져 있음을 보여 준다. 그 가이드는 머리를 물속에 집어넣는 상황을 상상해 보았을 것이다. 그런 다음, 여러 가지 과학적인 가설들 중에서 하나를 골랐을 것이다. '눈은 빛이나 먼지가 들어오는 구멍인데, 그렇다면 물도 눈으로 들어갈 수 있지 않을까?' 마침 믿을 만한 답변자로 보였던 나를 만난 그는 자신의 가설에 대한 경험적인 답을 구하려고 물어보게 된 것이다.

투아레그족 이야기가 주는 두 번째 교훈은, 지나친 익숙함은 '말의 눈가리개' 처럼 다른 것들을 볼 수 없게 만든다는 점이다.

가이드가 던졌던 질문에 대해서는 넘어가기로 하자. 우리 중 대부분이 그 답을 알고 있다고 생각하니까. 사실 제대로 아는 것은 아닐지도 모르지만 말이다. 일반적으로, 과학의 역할은 우리를 둘러싼 이 세계에 대해서, 특히 당연한 것으로 보이는 사물이나 사실에 대해서 우리가 질문을 던지도록 독려하는 데에 있다.

대개의 경우 과학은 일반적으로 통하는 상식과 적대 관계에 있다. 우리 감각 기관의 확신이 사실은 틀릴 경우가 많으며, 사물의 진짜 모습은 우리의 즉각적인 인식과는 대체로 다르다. 우리가 살펴보고 있는 바다가 파란색이라는 문제도 마찬가지이다. 빗물에 씻겨 바위에서 녹아 나온 색소가 급류를 타고 시냇물과 강을 거쳐 바다에 와서 바다를 파랗게 만들었다고 생각할 수도 있지만, 그것은 사실이 아니다.

마지막으로 말하고자 하는 세 번째 교훈은, 시각 기관으로서 눈은 세상을 향해 열려 있는 특별한 입구라는 것이다. 모든 감각 기관 중에서 가장 중요한 것이 눈이다. 그 투아레그족 가이드는 물이 눈을 통해 머리로 들어가지 않느냐는 질문을 던지면서, 자신이 직감적으로 내린 결론을 은연중에 드러냈다. 즉 눈은 뇌로 들어가기에 앞서 존재하는 대기실이라는 결론 말이다.

시각에 관한 최신 연구들은, 눈이 사진기의 필름처럼 수동적인 기관이 아니라, 눈을 통해 들어오는 정보를 이미지로 처리하는 과정에서 중요한 역할을 맡고 있음을 보여 준다. 이에 대해서는 이 시리즈에 속한 『우리는 어떻게 볼까?』를 참조하라.

색깔은 어떻게 생길까?

우리가 이런저런 색깔을 볼 수 있는 것은 눈이 빛을 받아들이기 때문이다. 빛은 레이저처럼 일정한 하나의 파장으로 발산될 수도 있고, 형광등 불빛처럼 다소간 폭을 가진 파장역으로 발산될 수도 있다. 그래서 그러한 파장에 대응하는 한 가지 또는 여러 가지 색깔을 우리가 보게 되는 것이다.

색깔은 간접적으로 감지할 수도 있다. 예를 들어, 우리가 햇빛 아래에서 보는 나뭇잎은 그 잎을 비추고 있는 빛의 파장을 얼마만큼 흡수하고 있는 상태이다. 가시광선의 일부를 흡수하는 성질을 지닌 엽록소 같은 유기 분자로 인해, 나뭇잎은 빨간빛을 흡수하고 다른 색깔들은 반사한다. 나뭇잎이 초록색으로 보이는 것은 이처럼 잎을 비추고 있는 백색광에서 빨간색 부분이 제거되었기 때문이다.

다른 예를 들어 보자. 흰색으로 보이는 종이가 있다면, 그것

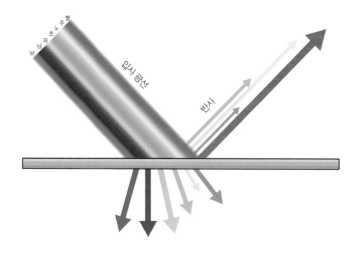

색이 제거되는 원리
물체에 백색광을 비추면 그중 일부는 흡수된다.
따라서 물체는 반사된 부분(파장)과 관계된 색깔만을 띠게 된다.

은 나뭇잎의 경우와는 달리, 그 종이가 모든 파장의 빛을 대부분 반사하고 있기 때문이다. 이는 백색광의 가시 영역에 속하는 어떤 파장도 흡수하지 않는다는 뜻이다. 그런데 빨간 전구 하나만 켜져 있는 암실에서 흰 종이를 보면, 그때는 그 종이가 빨갛게 보인다. 왜냐하면 종이가 빨간 전구에서 나오는 파장을 모두 반사시켜 빨간색으로만 둘러싸이기 때문이다. 반대로, 백색광을 포함하여 모든 파장의 빛을 흡수하는 물체가 있다면 그 것은 검은색이 된다.

파란색은 흡수되고, 초록색은 반사되었다.

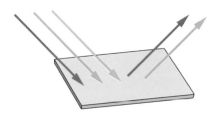

파란색은 흡수되고, 빨간색과 초록색은 반사되었다.

빛이 어느 정도 투명한 물체를 통과할 경우에도 마찬가지이다. 물체를 통과한 빛의 색은 흡수된 파장이 어떤 것이냐에 따라 정해진다. 선글라스의 렌즈˚처럼 색유리를 통해 풍경을 볼때 그러한 현상이 발생한다. 맨눈으로 볼 때에는 보이던 색깔이 보이지 않게 되는 것을 알 수 있는데, 우리가 선글라스 렌즈나 색유리를 통과한 빛의 색깔만 볼 수 있기 때문이다.

물 분자에는 어떤 특성이 있을까?

이번에는 **물 분자**로 우리의 관심을 옮겨 보자. H_2O 또는 HOH라는 화학식으로 표시되는 물 분자는 이등변 삼각형 모양을 하고 있다. 이 삼각형은 끊임없이 모양이 바뀐다. 분자를 이루는 세 개의 원자, 즉 산소 원자 한 개와 수소 원자 두 개가 잠시도 가만히 있지 않기 때문이다. 세 개의 원자는 기본 위치에서 쉴 새 없이 이쪽저쪽으로 조금씩 움직인다. 이 움직임을 가리켜 **진동**이라고 부른다. 물뿐만 아니라 모든 물질은 이처럼 진동 상태에 있다.

물 분자 하나하나는 자명종 시계에 달려 있는 작은 종을 닮았다. 아니면 글로켄슈필의 방울을 떠올려도 좋다. 모차르트의 악극 「마술피리」에 나오는 새잡이 파파게노가 가지고 다니는 악기 말이다. 물 한 방울에는 셀 수 없이 많은 물 분자가 들어 있다. 그러니까 그런 작은 종이 정말 어마어마하게 많이 달려

● ● ● ●

선글라스 렌즈 단, 폴라로이드 선글라스는 빛의 구성을 바꾸는 것이 아니라 빛 자체를 완전히 차단시켜 버리기 때문에 이와는 다른 경우에 해당된다. 즉, 이것은 반사광을 차단하여 시야를 넓혀 주고 물체가 보다 선명하게 보이도록 한다.

있다고 상상해 보면 될 것이다.

그런데 무엇이 물 분자를 진동하게 하는 것일까? 물 분자를 종처럼 울리게 만드는 요인은 두 가지이다.

첫 번째 요인은 주변 온도이다. 물 한 방울에 열이 가해지면 그 열은 물방울 전체에 골고루 분산된다. 그때 열에너지가 퍼지면서 물 분자를 움직이게 만드는 것이다.

물 분자는 서로 다른 두 가지 방식으로 진동을 한다. 산소 원자와 수소 원자가 서로 멀어지기도 하고 다시 서로 가까워지기도 하는데, 그것이 협화음처럼 한꺼번에 이루어질 때도 있고, 불협화음처럼 번갈아 이루어질 때도 있다.

이때 산소 원자와 수소 원자가 동시에 멀어지거나 가까워지는 현상을 **대칭 진동**이라고 말하고, 서로 교대로 움직이는 현상을 **비대칭 진동**이라고 한다.

이제 물 분자를 움직이게 하는 두 번째 요인을 알아보자. 물을 비추고 있는 빛의 진동수와 물 분자의 진동수가 같을 경우, 둘 사이에 특별한 공감이라도 일어난 듯 물 분자가 흔들리게 된다. 이것이 바로 **공명**이라고 불리는 현상이다.

공명은 물 분자가 움직이고 있을 때 일어난다. 그런데 물 분자는 늘 움직인다고 했으니까 공명은 항상 발생할 수 있는 것이다.

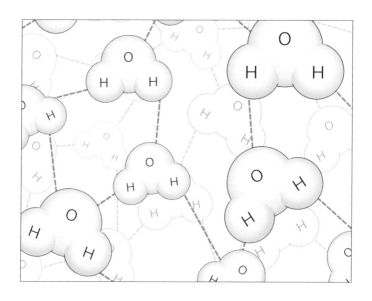

산소 원자 한 개와 수소 원자 두 개로 이뤄진 물 분자는
눈에 보이지는 않지만 쉴 새 없이 움직이고 있다.

공명이란 용어는 진동하는 두 물질이 같은 진동수로 흔들릴
때, 에너지를 서로 교환하고, 또 서로 끌어당길 수 있음을 뜻한
다. 빛이 물 분자와 공명 상태에 놓이면 그 빛은 물 분자라는
종을 치는 역할을 하고, 이 때문에 바로 빛이 물에 흡수되는 것
이다.

빛은 공간을 가로질러 1초에 30만 킬로미터를 가는 에너지
운반 형태의 하나이며, 진동하는 전자기장으로 이루어져 있다.
공명 진동수에서 빛이 전달한 에너지는 물 분자의 진동으로 변

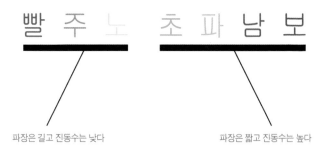

파장은 길고 진동수는 낮다   파장은 짧고 진동수는 높다

파장과 진동수의 관계

환되어 그 진농을 한층 커지게 만든다.

그럼 이때의 진동은 대칭 진동일까, 비대칭 진동일까? 대칭 진동이기도 하고, 비대칭 진동이기도 하다. 네 개가 짝을 이룬 빛 알갱이가 물 분자를 흔들었을 때 생겨나는 진동에서 대칭 진동 하나와 세 개의 비대칭 진동 셋이 합성되어 나타나기 때문이다.

하나의 물 분자가 **합성 진동**(대칭 진동 1 + 비대칭 진동 3)을 발생시키는 네 개의 광자를 흡수했다면, 흡수된 부분의 파장은 대략 700나노미터가 될 것이다. 하지만 이것은 어디까지나 예상에 지나지 않는다. 액체 상태든 고체 상태든 물속에 하나의 분자만 존재하는 것은 아니니까 말이다.

물 분자는 떼를 지어 사는 양들처럼 함께 모여 있는데, 분자끼리 서로 끌어당기기 때문이다. 이 현상을 물리학에서는

수소 결합이라고 한다. 수소 결합에 에너지를 사용하고 나면 물 분자 각각의 에너지는 떨어진다. 이는 빛에서 흡수한 에너지의 파장을 700나노미터에서 760나노미터로 슬그머니 바꾸어 놓는다. 에너지의 저하는 진동수의 감소를 뜻하고, 따라서 파장은 길어지기 때문이다.

여기서 요점은 물이 태양에서 나온 백색광 중에서 빨간색 부분만을 흡수한다는 것이다. 따라서 물이 파랗게 보이는 것은 빨간색이 제거되고 남은 파란색 부분 때문이다.

그런데 물은 왜 나뭇잎처럼 초록색이 아닐까? 엽록소와 물 모두가 가시광선 스펙트럼의 빨간색 부분에 속해 있는 파장을 흡수하지만, 그 부분이 완전히 똑같지는 않기 때문이다. 실제로 그 둘은 상당한 차이를 보인다.

앞에서 물 분자를 설명할 때 방울과 비교했다. 여기서 잠깐 다시 파란색과 관련이 있는 음악적인 비유를 살펴보자.

파란색을 뜻하는 영어 단어 블루(blue)의 복수형 '블루스(blues)'는 재즈에 속하는 하나의 음악 형식이다. 미국 흑인들이 즐겨 쓰는 말에서 '블루스를 느끼다.'라는 표현은 '우울하

* * *

진동수와 파장 진동수는 파장과 수학적으로 반비례한다.

다.'라는 뜻도 있다. 포르투갈의 전통 음악 파두˚처럼 블루스를 노래하는 가수들은 우수와 이별의 슬픔, 또는 눈물로 살아가는 냉혹한 삶의 아픔을 표현한다.

20세기가 만들어 낸 위대한 예술인 블루스는 이제 인류 문화에서 없어서는 안 되는 부분이 되었다. 듀크 엘링턴˚의 히트곡 「무드 인디고˚(Mood Indigo)」처럼 말이다

지금까지 물이 왜 파란색인지에 대해 설명해 왔다. 이 설명은 새로운 동시에 아주 오래된 이론이라는 점도 함께 얘기해야겠다.

물이 백색광에서 빨간색 부분을 흡수한다는 것은 20세기 초인 1920~1930년대에 이르러서야 발견된 사실이다. 반면에 일정한 진동수를 가지는 물체들 사이에서 일어나는 공명이라는 개념은 훨씬 이전부터 존재했다. 18세기에 이 대단한 개념을 생각해 낸 사람은 스위스의 천재 수학자인 레온하르트 오일

● ● ● ●

파두(fado) 운명·숙명의 뜻을 지닌 파두는 리스본 민중의 삶을 노래한 민요로서 언제 들어도 구슬프고 서정적이다.
듀크 엘링턴(Duke Ellington, 1899~1974) 세계적인 명성을 얻은 미국의 재즈 피아노 연주자이자 작곡자이며 밴드 리더.
인디고 남색, 쪽빛을 가리키는 색깔 이름.

러˚였다.

오일러는 다음과 같이 쓰고 있다.

빛 덕분에 우리는 불투명한 물체를 볼 수 있다. 그런데 그것
은 그 빛이 어디에서 오는지에 달려 있는 것이 아니라, 물체의
표면에 있는 아주 작은 입자들의 진동 운동에 달려 있다. 그 입
자들은 팽팽하게 당겨 놓은 악기의 줄과도 같다. 일정한 진동
수에 맞추어져 있는 그 줄은 공기의 진동에 반응하면서 떨림을
보인다. 아무도 줄을 퉁기지 않았을 때도 말이다. 악기의 줄이
그 줄에서 나는 음 자체에 의해 자극을 받고 떨리게 되는 것과
마찬가지로, 물체 표면의 입자들도 입자를 두드리는 빛에 어울
려 진동하기 시작해서, 입자 자체의 고유한 파동을 사방으로
내놓는다.

● ● ●
레온하르트 오일러(Leonhard Euler, 1707~1783) 스위스의 수학자로 미적분학
의 발전에 결정적인 역할을 했다. 변분학을 창시했으며, 터빈 이론을 정립하였다.

물이 파란색인 이유

결론적으로 말하면 물이 파란색인 것은 물 분자 내부에서 일어나고 있는 진동 때문이다. 이렇게 말하는 것은 뭔가 대단하게 보이고 싶어서가 아니다. 이런 말로밖에 설명할 수 없는 두 가지가 있다.

첫째, 우리가 보통 알고 있는 사실, 예컨대 다이아몬드는 단단하다, 철사에는 전기가 통한다, 엽록소는 이산화탄소를 흡수하고 산소를 발생시킨다, 하늘에 오존 구멍이 생겼다 등의 현상을 설명하려면 대부분 육안으로 보이지 않는 세계, 즉 원자나 분자 같은 것들을 끌여들여야 한다는 것이다. 매우 어렵게 느껴지지만, 그것은 우리가 그런 것에 덜 익숙하기 때문일 뿐이다.

두 번째 이유는, 그런 기본 설명을 한 다음에야 유사한 현상을 예로 들어 보충 설명도 할 수 있기 때문이다. 물 분자가 빛을 흡수하면 진동이 커진다는 것은, 전자레인지 내부에서 일어나는 현상은 빛을 받으면 물 분자가 분주하게 움직인다는 것을 쉽게 이해할 수 있도록 해 준다. 전자레인지에서 음식이 익는 것은 레이더 또는 라디오 방송에서 주파수˚를 변조할 때 사용하는 형태의 빛, 즉 마이크로파˚ 때문이다. 물 분자가 마이크로파를 흡수하면 물의 온도를 높였을 때처럼 맹렬하게 움직이기 시작한다. 따라서 마이크로파의 흡수는 불을 떼서 온도가 상승했을 때와 같은 효과를 가져온다.

물 분자는 760나노미터 파장의 빛 에너지, 또는 마이크로파의 에너지를 받고서 다양한 운동으로 반응을 한다. 이 사실은 전혀 놀랄 것이 못 된다. 원자들의 운동, 즉 원자들이 상대적으로 위치를 바꾸었을 때 물질이 어떻게 되는지 확인하는 것은 약간 시시한 일이다.

그보다는 오히려 물의 파란색이 물 분자 각각의 특성과 물 분자가 모여 있을 때의 특성이 결합되어 나타난다는 사실이 더 흥미롭다. 앞에서 보았듯이, 빛의 흡수는 물 분자 하나하나의 공명에 의해 일어난다. 그런데 가시광선의 빨간색 빛을 흡수할 수 있는 것은 물 분자가 분자들 사이에 작용하고 있는 인력에

• • •

주파수 라디오 방송에는 크게 두 가지 방식이 있다. FM은 주파수 변조를 이용한다. FM은 진폭의 변화 없이 필요에 따라 주파수만을 변화시킨다. 반면 AM은 전파에서 진폭을 변화시킨다. 파동은 물결과 비유된다. 아래위로 출렁이는 물결의 가장 낮은 곳과 높은 곳 사이의 간격이 진폭인데, 이 값을 변화시키는 것이다.
마이크로파 마이크로미터 크기의 범위에 속하는 파장을 가지고 있기 때문에 이렇게 이름 붙여졌다. 1마이크로미터는 100만분의 1미터이다.

의해 집합체처럼 모여 있기 때문이다. 단 한 개의 물 분자에 대해서만 추론을 하는 것은 불가능한 일이다. 물의 파란색을 이해하기 위해서는 수많은 물 분자 전체를 동시에 고려하는 것이 필요하다는 것이다.

물 분자의 특성은 동물이나 인간 행동의 특성 하나를 떠올리게 한다. 많은 관중들이 모인 운동 경기장에서 또는 소문이나 집단적인 공포심 때문에 겁에 질려 '새파래져서' 자기 생각은 진혀 없이 남의 의견이나 행동에 덩달아 따라가는 군중심리 말이다.

3

과학의
방법

특별한 물질, 물

물은 우리에게 그저 평범하게 보인다. 친숙하기 때문이다. 역설적인 것은, 이 친숙함 때문에 물이라는 화학적 화합물(각각의 물 분자는 산소 원자 하나가 수소 원자 두 개를 양쪽에 끼고 있는 모습을 하고 있다.)이 얼마나 특별한지를 보지 못한다는 것이다. 다들 알고 있는 것처럼 지구상의 생명체에 없어서는 안 되는 물은 사실은 보기 드문 특성을 지니고 있다.

물은 매우 독특한 물질이다. 지금까지 살펴본 것처럼 물이라는 액체는 분자 안에 들어 있는 원자들의 진동에 의해 색깔을 띤다. 색이 있는 다른 화합물들은 대부분 그 화합물을 구성하는 분자들의 능력, 즉 분자가 전자를 통해 빛을 흡수하는 성질 때문에 색깔을 띤다. 물과는 전혀 다른 경우이다.

우리에게 너무나 친숙한 물은 알고 보면 매우 독특한 물질이다.

왜 물을 두고 특별하고 보기 드문 화합물이라고 하는지는, 물이 지니는 수많은 특성을 보면 알 수 있다. 여기서는 그중 몇 가지만 알아보는 것으로 만족하자.

우선, 물은 열량을 운반하는 데 뛰어난 재주가 있다. 달리 말하면, 물은 아주 훌륭한 열 전도체다. 예를 들어, 따뜻한 물체에 아주 가느다란 물줄기만 떨어져도 그 물체의 열은 달아난다. 라디에이터가 바로 그 원리를 이용한 것이다.

또 물의 점성, 얼었을 때 액체 상태에서보다 상대적으로 증

가하는 부피의 비율, 녹는점(섭씨 0도)과 끓는점(섭씨 100도)은, 천연 가스처럼 질량 면에서 비교가 될 만한 다른 화합물에 비해 매우 높은 편이다. 그 밖에도 물은 소금과 같은 물질을 구성하고 있는 입자들의 결합을 끊음으로써 쉽게 녹이는 성질도 가지고 있다.

수없이 많은 물의 특성에 주목하다 보면, 평범하게만 보았던 물은 감탄할 만큼 대단한 물질로 바뀐다. 이처럼 과학은 이 세계가 가지고 있는 놀라운 모습을 다시 발견하게 해 준다. 있는 그대로를 보여 주면서 말이다.

다른 가설은 더 없을까?

이 책의 끝에서 우리가 기억해 두어야 할 것은 무엇일까? 책의 제목이 던지고 있는 질문에 답하기에 앞서 우리는 여러 가지 가설들을 먼저 검토해 보았다. 다른 가설들도 더 생각해 볼 수 있다. 아니, 생각해 보는 것이 옳다. 그 가설이 엉뚱한 것인지 아닌지는 전혀 중요하지 않다. 자연의 신비는 상식적인 틀을 무시하는 경우가 너무나 많으니까 말이다. 과학은 가설 하나하나를 검토하고 실험 과정을 거치면서 그것을 맞는 것이라고 인정하거나 틀린 것이라고 반박한다.

예를 들어, 나침반을 사용할 수 있게 해 주고 오로라의 원인이기도 한 지구의 자기장을 떠올려 보자. 지구가 그러한 자기장에 둘러싸여 있기 때문에 바닷물이 파란 건 아닐까 하고 생각해 볼 수도 있는 일이다. 하지만 이 경우, 강한 자석 옆에 물한 컵만 놓아 보면 그 답을 알 수 있다. 자기장에 변화를 주거나 자기장을 제로 상태로 만든다고 해서 빛의 흡수가 달라지지는 않는 것이다. 자석이 옆에 있다고 해서 물 색깔이 달라지지는 않으니까 말이다. 언뜻 보기에도 전혀 그럴듯하지 않은 그가설의 약점을 찾는 것이 바로 과학이다.

과학의 추론 방법은 이와 같은 추측과 반박으로 이루어진다. 과학은 진리가 제 손 안에 있다고 자부하지 않는다. 어느단 하나의 진리에 대해서도 말이다. 대신 과학은 진리의 방향으로 가고자 노력을 한다.

과학은 머리에 떠오르는 여러 가지 추론들을 체계적으로 의심해 봄으로써 하나의 설명을 얻고, 또 그 설명도 경우에 따라서는 주저 없이 다시 의문을 품을 수 있는 임시의 것으로 둘 뿐이다. 의심해 보고 다시 생각해 보는 회의적인 태도야말로 우리 인간이 지닌 귀한 능력 중 하나이다.

더 읽어 볼 책들

- 송영은, 『마이컬슨이 들려주는 프리즘 이야기』(자음과 모음, 2005).

- 앤드루 바이어트 · 알래스테어 포더길 · 마서 홈스, 김웅서 · 정인희 옮김, 『아름다운 바다』(사이언스북스, 2002).

- 제임스 트레필, 이한음 옮김, 『해변의 과학자들』(지호, 2001).

논술 · 구술 시험은 논리적이고 종합적인 사고를 요구한다. 다음에 제시된 문제는 이 책의 주제와 연관이 있는 논술 · 구술 기출 문제이다. 이 책을 통하여 습득한 과학적 지식과 원리, 입체적이고 논리적인 접근 방식을 활용하여 스스로 문제에 답해 보자.

▶ 물의 쓰임새와 특성에 대해 아는 대로 설명하라.

▶ 무지개가 생기는 것을 빛이 프리즘을 통과하는 현상과 연관지어 설명하라.

▶ 식품을 익힐 때 흔히 가스레인지나 전자레인지를 이용하게 되는데, 이 두 기구는 서로 다른 가열 방식을 가지고 있으며, 그 결과 식품이 익는 과정도 달라진다. 피자를 예로 들어 두 가열 방식의 차이점에 대해 설명하시오.

옮긴이 | 김성희

부산대 불어교육과 및 동대학원을 졸업했으며 현재 전문 번역가로 활동 중이다.

민음 바칼로레아 07

바다는 왜 파랄까?

2판 1쇄 펴냄 2021년 3월 30일
2판 5쇄 펴냄 2024년 8월 8일

1판 1쇄 펴냄 2006년 1월 5일
1판 6쇄 펴냄 2014년 7월 24일

지은이 | 피에르 라즐로
감수자 | 곽영직
옮긴이 | 김성희
발행인 | 박근섭
펴낸곳 | ㈜민음인

출판등록 | 2009. 10. 8 (제2009-000273호)
주소 | 06027 서울 강남구 도산대로 1길 62 강남출판문화센터 5층
전화 | 영업부 515-2000 편집부 3446-8774 팩시밀리 515-2007
홈페이지 | minumin.minumsa.com

도서 파본 등의 이유로 반송이 필요할 경우에는 구매처에서 교환하시고
출판사 교환이 필요할 경우에는 아래 주소로 반송 사유를 적어 도서와 함께 보내주세요.
06027 서울 강남구 도산대로 1길 62 강남출판문화센터 6층 민음인 마케팅부

한국어판 © (주)민음인, 2006. Printed in Seoul, Korea
ISBN 979 11-5888-769-8 04000
ISBN 979 11-5888-823-7 04000(set)

㈜민음인은 민음사 출판 그룹의 자회사입니다.

·